알을 두고 온 새의 마음

이원희

스스로 만든 뜬소문 같은 이야기들

- 저자 고유의 문체를 위해 맞춤법은 저자의 스타일을 따릅니다.
- 책 제목 등 매체명은 겹낫표(『』)를, 작품명은 홑화살괄호(〈〉)를 사용했습니다.
- 모든 글의 제목은 속담입니다. 속담의 의미는 글의 마지막에 표기했습니다.

STORAGE BOOK&FILM

들어가며

문 연 놈이 문 닫는다

이 책의 모든 이야기는 어느 오래된 집에 사는 B에게서 왔다. B는 음력으로 1980년대 후반 서울의 동쪽, 동쪽 중에서도 동쪽의 굴다리 옆 조산소에서 능력 있는 산파에 의해 세상의 빛을 봤다. B가 태어났을 때 가까이에는 두 살 많은 언니가 있었고, 외조부모가 있었고, 조금 먼 곳 제주에는 친조모, 많이 먼 곳이자 모래바람이 강렬한 리비아에는 아빠가 있었다. B의 엄마는 출산의 임박함 때문에 더 이른 시간 집을 나서고 싶었지만, 고구마를 삶아가자는 본인의 알뜰한 엄마 때문에 울고 싶었다는 이야기를, B의 생일 주간에 빼놓지 않고 한다. B는 그렇게 태어났다. 두 살 많은 언니는 동생이 태어난 직후 병실에 있던 수화기를 들어 아빠를 불렀다고. 이 이야기도 생일 주간에 되풀이되는 것 중 하나다. 1월의 중간, 이른 점심을 먹었다면 식곤증이 몰려올 시간쯤. 지금은 작은 빌라 단지로 변한 굴다리 옆 조산소의 병실에서 B의 이야기가 시작되었다. 대체로 예상했겠지만, B는 나다.

그로부터 삼십여 년이 흐른 지금, 서울의 어느 사거리에 1970년대에 준공된, 오래된 집에 사는 나는 부업으로 이야기를 정리하는 일을 한다. 조금 더 풀어 설명하면 이 책에 실린 이야기는 이야기에서 시작된 이야기다. 쓰고 보니 더 복잡해졌다. 난감하지만 다시 이야기하면 나는 이미 방영된 방송의 자막을 교정하고 교열하며 만드는 일을 한다. 누군가의 말, 대화, 이야기를 정돈하는 일을 한다. 방송의 종류는 다양하다. 드라마, 예능, 학술 강의 등. 최근에는 1990년대 초에 방영한 방송의 자막을 정리했고, 당시 친숙하게 사용한 관용어나 속담 중 재치 있는 것들을 노트 한쪽에 베껴 적었다. 이 책에 실린 일부는 그렇게 모아둔 것이고 나머지는 여러 동네의 도서관에서 찾은 것이다.

조선 최고의 학자 이익에 따르면 속담은 '비속한 말이다.'[1] 저속하고 속된 말이다. 지역마다 내려오는 풍습과 생활에 따라 길에서 속담이 만들어지고 퍼진다. 교훈이거나 충고일 수 있고, 처세이거나 철학일 수 있다. 길게 말하면 와닿지 않는 것을 짧게 한 문장으로 압축한다. 공감하면 무릎부터 치게 된다. 다만 오래전부터 내려온 속담일수

1 이익 지음, 윤재환 옮김, 『국역 백언해』, 학자원, 2024

록 가난, 여성, 장애를 비하의 대상으로 삼는다. 속된 말의 한계이자 시대의 한계일 것이다. 이 책에는 그런 한계를 대변하는 속담은 담지 않았다. 그 사이 세상은 삼천리만큼 변했고 그럼에도 갈 길은 구만리다.

글의 구성은 속담, B의 실화 혹은 설화, 속담의 의미를 순서대로 적었다. 목차대로 읽는다면 가장 좋겠지만, 순서를 고집하지 않아도 괜찮다. 마음을 탁 잡는 속담부터 읽으시길. B처럼 비슷한 일화 혹은 다른 일화를 속담에 빗대어 보시길. 속담과 더 밀접한 일화가 있다면 연락해 주시길. 어떤 우연과 인연으로 이 책의 문을 열어버린 당신, 닫는 것도 당신의 몫이지만 이왕 열었다면 끝까지 둘러보시길.

속담의 의미

무엇이든 처음 하던 사람이 그 일의 끝을 내야 한다는 말.

목차

들어가며: 문 연 놈이 문 닫는다 006

잠을 자야 꿈을 꾸지 016

화약을 지고 불로 뛰어가는 꼴 022

더워서 못 먹고 식어서 못 먹고 028

사람의 마음은 하루에도 열두 번 036

하루 물림이 열흘 간다 046

재앙은 눈썹에서 떨어진다 052

밤비에 자란 사람 058

서른세 해 만에 꿈 이야기한다 062

단풍도 떨어질 때 떨어진다 070

솔방울이 울거든 074

야단났다 야단났다 하면 정말 야단만 난다 080

놀기 좋아 넉동치기 090

달걀 같은 세상 호박같이 살랬다 094

길에 돌도 연분이 있어야 찬다 102

재주가 메주다 106

속 각각 말 각각 112

바람 먹고 구름 똥 싼다 116

희고 곰팡 슨 소리 122

알을 두고 온 새의 마음 126

나가며: 어둑서니는 쳐다볼수록 커 보인다 134

도움을 받은 책들 140

방문한 도서관 142

잠을 자야 꿈을 꾸지

저는 이런 글을 좋아합니다.

"한동안 아침에 잘 일어나기 위해 라디오 뉴스를 알람으로 해 놓았었다. 벌떡 일어나기에는 좋지만, 미친 짓이라는 걸 몇 달이 지나서야 깨달았다. 더 이상 뉴스를 들을 수도, 볼 수도 없는 지경이 되었기 때문이다. 그 후로는 광고가 나오지 않는 라디오 채널이 알람을 대신한다. 주된 청취층이 중장년이라 듣다 보면 내 나이를 잊는다. 특히 월요일 방송의 사연은 나들이 잔치다. 주말에 자녀들과 교외로 드라이브를, 동창생들과 꽃축제를,

손녀와 여행을. 눈 비비고, 세수하고, 커피 내리다가, 점심 도시락 반찬을 만들고 뒷정리할 때쯤 방송은 끝난다. 출근하면 새까맣게 잊다가 아침이 되면 나도 그 나이, 그 사람인 것처럼 도시락을 싼다. 알람을 바꾸고 싶은데. 언제쯤이면 아침에 잘 일어나는 사람이 될까."

왜 좋아하냐고 물으면 생활이 느껴져서라고 답합니다. 생활이 별거냐고 물으면 이런 하찮은 것에서 위로를 얻는다 하고요. 이유는 뻔합니다. 그동안 나의 지지부진한 생활을 그런대로 이끈 것을 떠올리면 이렇게 떠다니는 글자였던 것 같아요. 글쓰기는 쓰기 전에는 명분을 찾고, 쓸 때는 의미를 찾다가 다 쓰고 나면 가치를 찾아 떠도는 영원히 이길 수 없는 숨바꼭질의 술래가 되는 일입니다. 적어도 나에게는요. 그러다가 문득 정확한

계기가 있었던 것은 아니지만, 어느 순간 이도 저도 필요 없고 그냥 쓰면 된다는 깨달음의 순간이 발 앞에 떨어졌습니다. 돌아보면 무섭죠. 그런 순간이 없었다면 의심 한 톨 없는 명분 있는 삶을 살았을 테니까요.

갈등이라는 명사는 '葛(칡 갈)'과 '藤(등나무 등)'이 만난 단어입니다. 칡도, 등나무도 덩굴식물입니다. 얽히고설켰다는 말을 가장 잘 묘사하는 나무가 아닐까요? 사람은 때로 칡과 등나무가 얽히고설킨 것처럼 갈등하며 삽니다. 밥을 먹을까, 빵을 먹을까. 약속을 깰까, 말까. 이 글을 쓸까, 말까. 쓰고 보니 매 순간이네요. 오늘도 저는 반대되는 두 가지 생각이 만드는 충돌에서 결국 한 가지를 선택하고야 맙니다. 쓰는 쪽으로요. 나의 선택이 훗날 어느 곳과 연결될지 아무도 모르지만 일단 쓰는 쪽을 선택합니다. 그것은 칡일까요. 등나무일까요.

속담의 의미

어떤 결과를 얻고자 하면 먼저 적당한 순서를 밟아야 한다는 말.

어떤 성과를 거두려면 그에 상당한 노력과 준비가 있어야 한다는 말.

원인 없이 결과를 바랄 수 없음을 이르는 말.

화약을 지고 불로 뛰어가는 꼴

2010년 1월, 생일 직전에 받은 축하 카드를 14년째 곱씹어본다.

"생일 축하한다 뭐랄까… 부끄럽다
나 싸가지없지만 너도 착하지 않다
ㅁㅁㅁ이랑 이상한 책 많이 보지 마
안녕, 사랑해
2010년 1월 14일
언니 ㅇㅇㅇ"

카드의 앞면에는 대략 이런 그림이 그려져 있

다. 넓은 목장을 배경으로 젖소 한 마리가 건초 더미를 입에 물고 울타리 너머로 고개를 내민 채 어딘가를 응시한다. 젖소 위로는 울타리 끝에 집을 지은 파랑새 한 마리가 서 있다. 파랑새는 젖소의 것으로 보이는 건초 한 줄기를 입에 물고 젖소가 응시하는 반대 방향을 향해 있다. 얼핏 보면 흔한 목가적인 풍경처럼 느껴지지만, 자세히 들여다보면 의구심이 든다. 맑은 하늘은 저 멀리에서 비구름이 몰려올 것 같은 회색빛을 띠고, 맛있게 식사 중인 젖소의 눈은 밤새 잠을 설친 것처럼 붉게 충혈되어 있다. 파랑새가 만든 집 입구에는 작은 구멍으로 건초가 삐죽 튀어나와 있고, 수일 동안 젖소의 건초를 가져다 집을 단장한 것으로 보인다. 이 생일 카드를 준 사람과는 더 이상 연락하지 않는다. 자연스럽게 멀어졌다. 카드를 받은 당시에만 가까웠고 이후로는 카드도, 연락도, 연락처도 모른 채 시간이 흘렀다.

책상 옆 서랍장의 세 번째 칸에는 작은 박스가 하나 있다. 뚜껑을 열면 2000년 초부터 받은 편지들이 나름의 순서로 쌓여있다. 끊어진 인연도, 지속되는 인연도, 잠시 멈췄지만 언젠가는 이어질 거라 믿는 인연도 있다. 다른 말로 미련이라고도 한다. 문제의 생일 카드도 박스 안에 있었다. 주기적으로 박스를 열어 굳이 추억을 되살리는 고약한 취미 덕분에 카드와 마주했다. 꾸역꾸역, 새삼스럽게, 마치 처음인 것처럼 상처를 각성한다.

이 카드의 뒷면에는 그림의 제목이 쓰여 있다.
어쩌면 카드를 준 사람이 내게 진짜 하고 싶었던 말.
그 말은 그림의 제목일 수도 있다는 사실.

그 사실을 14년째 분기마다 곱씹는다.

⟨THE OPPORTUNIST⟩ is from original artwork by DICK COLE.

속담의 의미

자기 스스로 위험한 곳으로 찾아 들어간다는 말.

더워서 못 먹고 식어서 못 먹고

오후 2시. 구립도서관은 이미 만석이다. 서가에서 책 두 권을 뽑아 손에 쥐고 하이에나처럼 두 바퀴를 맴돌았다. 그제야 작은 섬처럼 빈 의자 하나가 눈에 띈다. 살금살금 걸어가 책상 위에 가방부터 내리고 앉았다. 왼쪽에는 작은 요새를 만든 사람이, 오른쪽에는 책보다 잠이 급한 사람이 앉아 있다. 가운데 나는 읽겠다고 가져온 책 두 권이 눈에 들어오지 않아 곰곰이 먼 곳만 본다. 자리가 없을 때는 의자 하나가 간절했는데 막상 앉으니 꽉 찬 열람실이 갑갑하다. 그러다가 문득 나처럼 먼 곳을 바라보는 익명의 사람을 발견했다. 아래는 열람실에서 종종 볼 수 있는 방문객을 유형별로 나눠본 것이다.

1. 책상 위에 살림을 꾸리는 유형

컴퓨터, 블루투스 마우스, 서류 꾸러미, 안경과 안경집, 일회용 물병, 일회용 커피, 곱게 접은 휴지, 칫솔 통, 칫솔, 치약, 연필꽂이와 그곳에 가지런히 꽂혀있는 색상별 형광펜, 샤프, 볼펜. 작은 공간에 효율적으로 물건을 배치한 뒤 본격적으로 뭔가를 한다. 많은 살림 중 열람실의 책은 없다.

2. 열람실에서 제일 먼저 나갈 준비가 되어 있는 유형

작은 가방을 책상 위에 올리고 그 위에 열람실 책 한 권을 펼친다. 불룩한 가방이 미약하게나마 독서대 역할을 한다. 의자는 최대한 바깥쪽으

로 빠져있고, 누가 툭 치면 바로 일어나 후다닥 나갈 것 같은 준비 자세를 유지한다.

  3. 차라리 숙면을 했으면 하는 유형

  언제부터 이곳에 있었는지 알 수 없고, 언제부터 졸렸는지 알 수 없지만, 열람실에 있는 내내 잠과 싸운다. 차라리 엎드려 몇 분이라도 푹 잤으면 좋겠다. 잠 앞에서는 절대 양보란 없는 이 유형은 가방을 챙길 때 가장 쌩쌩해진다.

  4. 누구도 신경 쓰지 않지만, 모두가 신경 쓰고 있는 유형

  탁, 착착, 에헴, 킁, 쿵, 흠, 하암, 끅, 으으으.

  각종 소리를 개발해 선보이는 일명 소리 예술가 유형. 간혹 전자기기 알림음이 울리면 80% 이상 이들의 것이다.

5. 있었는지도 모를 유형

꽉 찬 책상, 빈 의자. 나갈 때까지 자리의 주인이 누군지 알 수 없다. 영영 비어 있는 의자.

6. 기타

앞자리에 앉은 사람이 책을 보며 눈물을 훔친다. 처음에는 콧물이 나서 훌쩍이는 줄 알았는데 앉은 자세를 살짝 돌리고 고개를 사선으로 푹 숙일 때 보니 코가 빨갛다. 서둘러 가방에서 파우치 안에 있는 휴지를 꺼내본다. 카페에서 챙긴 휴지가 이럴 때 쓰일 수도 있겠다 싶어 고민하던 순간, 슬픔이 소강상태로 변한 것 같아 제자리에 담는다. 앞자리의 독서가가 어떤 책을 읽는지 궁금하지 않다. 어떤 슬픔인지만 궁금하다.

하이에나였던 나는 결국 1번과 3번에 낀 2번이

되어 열람실을 나선다.

속담의 의미

이런저런 구실과 조건을 대면서 이러쿵저러쿵 불만이 많음을 비유하여 이르는 말.

● 카페에서 챙긴 휴지가 이럴 때 쓰일 수도 있겠다 싶어 고민하던 순간, 슬픔이 소강상태로 변한 것 같아 제자리에 담는다.

사람의 마음은 하루에도 열두 번

내가 사는 집은 큰 대로변 사거리에 있다. 1970년대 초 준공된 최초의 주상복합 아파트라고 한다. 최초라는 수식어는 쉽게 가져다 쓰는 단어로써 조금만 찾아봐도 최초라고 하기에는 의심스러운 지점이 있다. 어쨌거나 그 당시에는 꽤 혁신의 건물이었다고 한다. 값도 꽤 나갔다는 전설의 소문만 남아있을 뿐. 21세기 게다가 4차산업 시대인 지금, 이 건물에는 재건축을 외치는 관리소장의 높은 목청과 불타는 발바닥만 있을 뿐이다.

아파트 1층에는 몇 개의 상점이 있다. 약국과

은행 사이 입구의 가파른 계단 반 층을 오르면 아파트의 본격적인 입구가 시작된다. 그 시작점을 알리는 게 작은 수위실이다. 흰색 아크릴판에 인쇄된 수위실 간판 옆에는 2교대로 돌아가는 경비 할아버지의 성함이 수기로 작성되어 있다. 두 분은 매일 입구를 오가는 사람을 확인하고, 택배 물건을 맡아주신다. 작은 수위실 안에는 책상, 의자 겸 침대, CCTV를 확인하는 모니터, 브라운관 TV, 소형 냉장고, 전화기, 달력, 수건을 걸어놓는 옷걸이가 있다. 수위실을 등지고 계단을 바라보면 오른편에는 우편함으로 채워진 벽이 있다. 세대별 우편함이 벽면의 반 이상을 채운다. 새 우편물이 쌓이고 쌓여 휴지 조각을 담아놓은 것 같은 우편함도 있고, 매일 닦은 것처럼 깨끗한 우편함도 있다. 나의 우편함은 중간 어디쯤. 2층을 지나 3층, 4층, 5층…… 그렇다. 혁신이라는 말이 민망하게도 이 건물에는 엘리베이터가 없다. 경비 할아버지가 택배를 맡아주시는 이유도 이것에 있다. 집 앞 배송은 양심상 요청하지 않는다. 출근 시간에는 우다다다 뛰어 내려가는 분주한 발소리가 가득하고, 퇴근 시간에는 헉, 헉, 헉 천천히 옮기는 무거운 발소리가 들리는 곳. 내가 사는 이곳의 대략적인 이미지다.

나는 가장 꼭대기 층, 왼쪽 끝 집에 산다. ㄱ자 형 복도식 아파트라 중앙 계단에서 양쪽으로 세대가 갈라진다. 꼭대기 층에 살다 보니 반 층만 오르면 넓게 펼쳐진 옥상을 가깝게 이용할 수 있다. 옥상의 입구를 등지면 왼편에는 초대형 빨랫줄이 열다섯 개 남짓 설치되어 있다. 이불을 널기에 적합한 길이다. 오른편에는 넓은 운동장 같은 공간이 있다. 옥상이 가장 분주한 시간은 주말 오전. 빨래

자리 쟁탈전이 벌어진다. 늦잠 자는 날이면 그날 이불 빨래는 꽝이다. 정오를 기점으로 모든 자리가 만석이다. 그에 비해 평일은 한가하다. 엘리베이터가 없는 영향도 있겠지만, 옥상 이용자는 6층, 7층 입주민으로 추려진다. 빨래 건조 외에 옥상을 이용하는 사람들의 목적은 뚜렷하다. 흡연, 통화, 층간소음에 영향이 적은 간단한 운동. 나는 통화와 맨손 체조를 위해 옥상을 찾는다. 혹한과 폭염을 제외한 애매한 봄, 가을에 주로 찾는데 사계절을 몇 번 보낸 뒤로 옥상에서 자주 마주치는 고정 입주민이 생겼다. 처음 마주쳤을 때는 눈치도 보고, 뭐 하는 사람인가 경계의 눈짓도 있었다. 익숙한 것이 더 무섭다고 했나. 이제는 눈인사를 피하는 게 어색하다. 올라갈 때마다 고정으로 마주치는 사람은 이 정도다.

1. 흡연을 위해 올라오는 깍두기 아저씨(매일 정각)

2. 산책을 위해 올라오는 사백이와 사백이 아버지(가끔)

3. 컵에 무언가를 담아 흡연과 함께 즐기는 앞집 청년(매일 저녁)

4. 돗자리 위에서 태블릿으로 기독교 방송을 보시는 할머니 두 분(여름밤)

이들 중 인사를 나누는 건 1번 깍두기 아저씨와 2번 사백이 아버지다. 낯선 사람과 인사나 사담을 잘하는 성격은 아닌데 깍두기 아저씨는 반대다. 공휴일이나 각종 누수 문제가 있을 때 긴 문장으로 말을 건네신다. 처음엔 부담스러웠다. 시간이 지나면 나아지겠거니 했지만 부담스러운 건 여전하다. 깍두기 아저씨는 이름으로 연상할 수 있는 특정 직업인은 아니고, 머리 모양이 까두기처럼 각져서 붙인 동거인과 나만의 지칭어다. 사백이 아버지는 직접적으로 말을 건네진 않는다. 사백이를 통해 애매하게 주고받는다. 사백이는 작고 사랑스러운 요크셔테리어다. 다리 수술을 하느라 사백만 원을 써서 이름이 사백이라고 한다. 한 달 전 오랜만에 마주친 사백이는 그새 이름이 바뀌어 오백이가 되었다. 앞집 청년은 생략하고, 돗자리 만남을 즐기는 할머니 두 분을 보자. 두 분은 더운 여름밤이라면 어김없이 마주친다. 빨래 구역 맞은편 구석에 돗자리를 깔고 누워 계신다. 한 분은 돗자리와 태블릿을 다른 한 분은 먹을거리 담당인 것 같다. 태블릿에서는 언제나 목사님의 우렁찬 설교 방송이 재생되고 있다.

옥상을 적극적으로 이용하는 생활은 처음이

다. 어릴 때는 산 중턱에 살아서 높은 곳에 대한 환상은 없지만 건물 옥상은 산 중턱과 다른 높음이다. 생생하게 움직이는 도로와 사람들. 언제나 불이 켜져 있는 역사(驛舍)의 간판은 쉬지 않고 움직여야 할 것 같은 조급함을 준다. 덕분에 성격은 나날이 급해진다. 반면 옥상에서 만난 사람들은 어딘가를 응시한다. 깍두기 아저씨는 집 앞 사거리를, 사백이 아버지는 사백이를, 앞집 청년은 역사로 향하는 길목을, 할머니 두 분은 태블릿을.

어느 늦여름, 높은 빌딩 뒤로 해가 지던 날 1번, 2번, 3번, 4번 그리고 나. 모두가 옥상 한자리에 마주친 날이 있었다. 옥상에 올라갔을 때 할머니 두 분은 이미 자리를 잡으셨고, 내가 옥상 한쪽을 걷는 동안 저 멀리서 사백이가 달려온다. 뒤이어 사백이 아버지가 보이고, 내가 돌던 자리를 사백이가 도는 사이 깍두기 아저씨가 올라와 담배 한 대에 불을 붙인다. 거의 다 태울 때쯤 앞집 청년이 왼손에는 컵을, 오른손에는 담배를 들고 등장한다. 할머니 두 분은 여전히 같은 자리, 같은 자세다. 같은 공간을 공유하고 각자의 시간을 쓰지만, 서로 무슨 행동을 하는지 눈치만 살핀다. 사백이가 안 보이면 내심 걱정되고 정각이 지나도 깍두기 아저씨의 마른기침 소리가 들리지 않으면 궁금하다. 그럼에도 나는 여전히 아무도 없는 옥상이 제일 반갑다.

속담의 의미

사람의 마음은 감정에 치우쳐서 자주 변한다는 말.

하루 물림이 열흘 간다

히말라야에는 밤에만 운다고 해 이름이 붙여진 새가 있다. 밤에만 우는 이유는 춥기 때문이다. 추우면 따뜻한 곳에 들어가 몸을 녹이면 되지 않겠냐고, 간단한 해결책을 내미는 사람도 있겠지만 이 새는 집이 없다. 햇볕이 따뜻한 낮에는 추위를 잊고 빈둥빈둥 시간을 보내느라 집을 지을 시간이 없었기 때문이다. 어김없이 추운 밤이 오면 춥다고 운다. 야명조는 그런 새다.

　여기서 잠깐, 낮에 놀다가 집을 못 지어 우는 미련한 새를 두고 한 가지 오류에 빠질 수 있다. 앞서 '미련하다'고 표현했듯이 바로 이런 오류다. 야명조의 입장에서 생각해 보자. 밤새 추위에 떨었다. 심지어 울면서 오들오들 떨었다. 온몸의 깃털과 부리가 꽁꽁 얼었다가 해가 떠오르면 하나씩 녹기 시작할 테다. 그제야 정신이 든다. 몸이 조금씩 따뜻해진다. 이제 좀 움직이려나? 움직이려면 배를 채워야 한다. 먹이라도 찾아볼까. 쉽지 않겠지. 히말라야 설산에 뭐 먹을 것이 넘친다고. 그렇게 유야무야 시간은 흐른다. 밤새 얼었던 몸이 정상 활동을 할 수 있는 몸이 될 때까지 회복 시간이 필요하다. 하루는 짧다. 그러다 보면 이내 밤은 온다. 어김없이.

많은 사람이 오늘의 일을 내일로 미루는 어리석은 자에게 교훈을 주기 위해 야명조의 일화를 늘어놓는다. "히말라야 설산에는 야명조라는 새가 있는데…" 여기에 더해 몇 사람은 원효대사를 추가한다. "원효대사가 말하길 병중에 중병은 내일로 미루는 병이라 하였으니…" 야명조의 입장을 생각하자는 건 내가 자주 미루는 사람이라서가 아니다. 미룰 수밖에 없는 사정이 야명조에게도 있지 않았을까. 물론 미루고 미루다가, 매일 밤 울기만 하다가 멸종했다는 안타까운 이야기는 바꿀 수 없는 결말이지만 인간 역시 인생의 끝이자 우리를 기다리고 있는 건 죽음 아닌가.

그러니까 하고 싶은 이야기로 다시 돌아오면 누구든 야명조가 아닌 이상 과정은 단정할 수 없다는 점이다. 낮에 집을 지을 수 없었던 다른 이유가 있었을지도. 멸종이라는 결말로 야명조의 이야기는 마무리되지만 야명조처럼 밤마다 우는 나는 아직 멸종 전이니까. 그러니까 내가 꼭 야명조 같아서 그러는 건 아니니까. 그러니까……

속담의 의미

한번 뒤로 미루기 시작하면 자꾸 더 미루게 된다는 뜻으로, 무슨 일이나 뒤로 미루지 말라고 경계하여 이르는 말.

재앙은 눈썹에서 떨어진다

어느 밤 속보가 뜬다. 벌건 자막에 눈을 비빈다. 생경한 단어에 달력을 살핀다. 분명 2024년이고 12월이고 날짜는 3일과 4일의 경계다. 사전을 찾는다. 'ㄱ'에서 'ㅖ'를 찾고 'ㅇ'에서 'ㅓ'까지 찾다가 사전을 덮는다. 다시 뉴스 화면을 튼다. 벌건 자막은 사라지고 다급한 사람들의 모습이 보인다. 지정된 자리에 앉은 사람도 있고 소리를 지르는 사람도 있다. 정면을 바라보고 선 사람이 마이크 앞에서 침착하게 말한다. 이럴 때일수록 정확한 절차를 거쳐야 한다고. 다시 속보 화면이 뜬다. 건물의 바깥으로 추정되는 곳에서 특정 직업의 사람들이 한 방향을 향해 달려온다. 카메라가 많이 흔들린다. 일사불란한 것 같기도 하고 우왕좌왕하는 것 같기도 하다. 반대편 실내에서는 사무실에서 사용하는 것들로 보이는 가구의 일부를 힘겹게 옮긴다. 문을 막는다. 일사불란하다. 문을 지탱하고 서 있다. 다시 화면은 사람들이 앉아 있는 실내를 가리킨다. 연단의 양쪽 화면에는 흰색 글씨로 무언가 적혀있다. 모인 사람들의 다급함이 화면 밖으로 새어 나온다.

굳게 닫힌 거실 창문의 틈 사이로 낯선 소음이 파고든다. 바람을 가르는 소리다. 뉴스의 소리를 줄이고 창문을 반쯤 연다. 까만 하늘에 소리만 보인다. 실내의 불을 모두 끄고 다시 창밖을 본다. 여러 대의 헬기가 같은 방향으로 날고 있다. 창문을 닫는다. 꼭 닫는다. 다시 뉴스의 소리를 높인다. 벌

건 자막이 뜬다. 자막의 내용을 이해할 수 없다. 분명 달력은 2024년이고 12월이고 4일이 되었다. 우리는 어디로 가야 하는가.

속담의 의미

재앙은 피할 수 없게 갑자기 다급하게 닥친다는 말.

(북한어)

● 굳게 닫힌 거실 창문의 틈 사이로 낯선 소음이 파고든다. 바람을 가르는 소리다.

밤비에 자란 사람

붕어빵 대기 줄에서 밀치는 사람

책방을 도서관처럼 사용하는 사람

인도에서 자전거 경주를 하는 사람

버스 정류장에서 담배를 피우는 사람

경적을 멈추지 않고 길게 누르는 사람

바닥에 쓰레기를 버리는 사람

술을 마시고 소리를 지르는 사람

아무 곳에나 침을 뱉는 사람

유적지에서 침을 뱉는 사람

관광지에서 침을 뱉는 사람

노약자를 무시하는 사람

장애인을 힘으로 누르는 사람

불법 주차를 해서 소방차의 출동을 방해하는 사람

붉은색 아이템을 몸에 하나씩 걸치고 TV에 나오는 사람

한밤중에 기습 계엄을 발표하는 사람

이상 밤비도 아까운 사람

속담의 의미

밤사이 내린 비를 맞고 어둠 속에서 연약하게 자란 식물과 같다는 뜻으로, 깨치지 못하고 어리석으며 야무지지 못한 사람을 비유적으로 이르는 말.

서른세 해 만에 꿈 이야기한다

오래 묵은 이야기 하나가 있다.

중학교 1학년 때 나는 학급에서 또래 상담사의 역할을 맡았었다. 따돌림이 왕왕 발생하는 것을 방지하기 위한 학교 차원의 대책이었던 것 같다. 각 반에서 상담사로 뽑힌 학생은 매주 한 번씩 학교 별채의 다락방에서 지크문트 프로이트와 카를 구스타프 융, 각종 심리 상담에 대한 이론 공부를 하고 토론하는 수업에 참여했다. 학급 친구들은 나에게 은밀하게 다가와 상담 신청을 했다. 은밀함이 상담의 제1 규칙이었다. 누군가 신청을 하면 시간과 장소를 정해 교정을 거닐며 상담을 진행했다. 학교 뒤뜰에서, 등나무에서, 복도 귀퉁이에서 다양한 고민거리를 받았다. 전교 1, 2등을 번갈아 하는 친구의 불안한 마음을 달래주고(당시 나의 석차는 아래쪽에 더 가까웠다) 부모님이 곧 치킨집을 개업해 창피하다는(동네 특성상 학부모의 대부분은 전문 직업인이었다) 친구에게는 신장개업 홍보로 자신감을 실어줬다. 반에서 은근한 따돌림으로 괴로운 친구와는 상담을 계기로 유일무이한 전우가 되었다. 한 달에 적게는 두 명, 많게는 네 명까지 고민을 듣고 해결 방법을 찾았다. 배운 지식을 언급하는 일은 없었지만, 대부분 고민이 해결되어 돌아갔다. 당시에는 뿌듯했다. 당시에는.

시간이 흐르고 흘러서 때는 2023년. 태어나 처음으로 전문 상담 선생님과 2주에 한 번씩 만나 나의 상황을 공유했다. 또래 상담사의 교육을 받았던 다락방 같은 작은 방, 동그란 원목 책상에 마주 보고 앉았다. 두서없이 쏟아내는 이야기의 한 줌도 놓치지 않고 줍는 선생님을 통해 원하지 않는 역할을 부여받았을 때 따르는 부작용이 어떤 식으로 싹을 틔우는지 배웠다.

나를 오그라들게 만드는 감정은 수치심이다. 본인의 이야기를 글로 쓰는 직업을 가진 사람치고 타격의 장벽이 낮은 편이다. 모든 글에 투명한 진실을 담는 건 아니지만, 글의 바탕은 실제이기 때문에 대부분의 평가는 직선으로 온다. 원하지 않았지만, 맡겨진 역할과 잘 해내야 한다는 무의식 속 부담. 정작 아무에게도 말하지 못했던 그 시절 나의 고민들. 이 모든 것이 사이좋게 뭉쳐 누구의 기대에 부응하지 못했을 때, 누구의 기분을 상하게 했을 때 스스로를 갉아먹는 수치심으로 자랐다. 원인이 없는 결과는 없듯이 현재의 나는 과거의 내가 축적해 만들었다.

학년이 올라갈수록 또래 상담사의 활동은 줄었다. 하늘 아래 입시보다 중요한 건 없었고 학생은 크게 세 부류로 나뉘었다. 일반고 준비, 특목고 준비, 유학 준비. 또래 상담보다는 진학 상담이 자연스러운 시기였다. 그렇게 엉성한 십 대를 지나 단단해졌다고 착각한 이십 대를 거쳐 사실은 아무것도 아니었다는 걸 깨달은 삼십 대 한복판을 통과하는 중에도 몇 친구들은 방패 없이 다가와 고민을 털어놓고 떠났다. 뭐라도 깨달은 삼십 대 인간은 안타깝게도 엉성한 십 대 또래 상담사의 발끝도 따라가지 못했다. 해결책은커녕 겨우 들어주기만 할 뿐이었다. 어떤 조언을 해도 당사자가 아니면 할 수 있는 일이 드물다는 걸 알아버렸기 때문이다.

 단단한 다정함이 무엇인지 알려준 상담 선생님은 마주하기 껄끄러운 감정의 시작점을 찾길 권했다. 온갖 쓰레기와 구더기가 뒤엉킨 쓰레기통을 맨손으로 뒤지는 기분이었다. 그렇게 뒤지다가 보물 같은 시작점을 찾으면 손 툭툭 털고 하나씩 들여다본다. 오래 묵으면 묵을수록 군내가 나는 것과 그런대로 잘 보관된 것들을 나누다 보면 언젠가는 눈 크게 뜨고 마주할 수 있겠지. 그렇겠지.

속담의 의미

오래 묻어두었던 일을 새삼스레 얘기한다는 말.

● 단단한 다정함이 무엇인지 알려준 상담 선생님은 마주하기 껄끄러운 감정의 시작점을 찾길 권했다.

단풍도 떨어질 때 떨어진다

어느 한 시기에는 엄마가 컵에 우유를 따라 주면 그걸 꼭 쏟았다. 컵에 한가득 따라 주는 것도 아니고, 너무 큰 컵을 주셨던 것도 아닌데 결말은 꼭 쏟았다. 내가 우유를 쏟지 않기 위해 엄마는 호되게 혼내보기도 하고, 잘 타일러 보기도 하고, 컵을 잡는 법을 직접 시범을 보이며 알려줬던 것 같다. 그래도 쏟았다.

그런 시기가 있나 보다.
뭘 해도 안 되는 시기.
갖은 노력을 해도 안 되는 시기.

고쳐보려고 해도 안 되는 시기.

그 시기를 넘기면 자연스럽게 된다.

지금은 우유를 쏟지 않는 것처럼.

우유를 쏟으라고 해도 쏟지 않는 것처럼.

속담의 의미

무엇이든 다 제때가 있다는 말.

솔방울이 울거든

다음 주에 집을 계약하러 간다. 더 이상 생산하지 않는 단단한 붉은 벽돌로 지은 단층집이다. 대문을 기준으로 집의 뒤편에는 작은 마당이 있어 간단한 작물을 심고도 공간이 남는다. 적당한 테이블과 의자 몇 개를 놔둘 생각이다. 다리를 쭉 뻗을 수 있도록 보조 의자도 둬야지. 뒷마당에도 집 내부로 연결되는 문이 있다. 날씨가 화창하거나 선선한 날에는 요긴하게 사용할 것 같다. 실내는 넓은 거실, 분리된 부엌, 각각 다른 크기의 방이 두 개 있다. 무엇보다 층고가 높아 시야가 탁 트여있다. 집의 양쪽으로 넓은 창문이 있다는 게 큰 장점이다. 창을 활짝 열어두면 맞바람이 쳐 공기청정기가 따로 필요 없다. 환기가 잘 되면 집안에 불필요한 습기가 없으니, 곰팡이 걱정도 없고.

사람처럼 집에도 기운이 있다. 평일 저녁이나 주말 낮에 시장을 들를 때면 언제나 거쳐 가는 이 집은 사계절, 밤낮 구분 없이 편안한 기운이 맴돈다. 적당한 높이의 담과 담을 넘어선 나무들이 집 내부를 은은하게 가려준다. 지나치게 바깥으로 드러나지 않는 구조가 마음을 편안하게 해준다. 지금은 자동차가 없지만, 생긴다면 낮은 담벼락 아래에 한 대 정도 주차할 수 있는 자리도 있다. 낮은 회색빛 담으로 둘러싸여 있는 이 집이 내 집이 된다는 생각에 따분했던 일상에도 콧노래가 나온다.

아마도 이번 주 토요일 오후 8시 35분 이후,

찍은 번호가 적중하다면 실행할 수 있는 다음 주의 일정과 대수롭지 않은 정보를 장황하게 적었다. 누구나 희망 하나쯤은 가슴 속에 품고 사니까.

속담의 의미

소나무에 달린 솔방울이 절대로 울 리 없는 것처럼, 도저히 이루어질 수 없는 일을 비유하여 이르는 말.

● 사람처럼 집에도 기운이 있다. 평일 저녁이나 주말 낮에 시장을 들를 때면 언제나 거쳐 가는 이 집은 사계절, 밤낮 구분 없이 편안한 기운이 맴돈다.

야단났다 야단났다 하면 정말 야단만 난다

운이 좋게도 대도시에서 태어나 마음만 먹으면 어디든 갈 수 있는 대중교통의 혜택이 있는 곳에서 살고 있다. 그럼에도 불구하고 수능이 끝나자마자 면허를 따야 한다는 압박이 곳곳에 깔려있었고, 보기 좋은 핑계를 대며 십여 년을 오기로 버텼다. 그러던 어느 날 압박의 여우주연상 급 엄마는 나에게 제안한다. 면허를 따기만 하면 똥차라도 사주겠다는 것. 엄마는 나의 엄마이기 전에 내가 태어나 처음으로 관계를 맺은 사람이기도 하다. 즉, 엄마의 제안은 면허를 따게 하기 위한 고도의 심리전이라는 걸 모를 리 없었다. 본인의 막내

딸이 면허도 없는 천치가 아니길 바라는 간절함이 느껴졌다. 심리전에 속아주기로 했고 장장 1년에 걸쳐 면허를 땄다. 예상은 적중했다. 엄마는 진심으로 축하만 해줬다.

그러니까 예전에는 면허가 없는 대중교통 이용자였다면 이제는 면허가 있는 대중교통 이용자가 된 셈이다. 이건 아주 큰 차이다. 문명사회에서 면허가 있으면서 운전을 안 하는 것과 면허가 없어서 운전을 못 하는 건 하늘과 땅 차이기 때문이다. (남들의 시선으로부터)

아래 목록은 서울에 사는 '면허가 있지만 운전을 안 하는' 대중교통 이용자가 작성한 대중교통 이용기다. 모든 대중교통을 탈 때마다 볼멘소리로 옆 사람을 힘들게 하지만, 누구보다 열심히 이용하는 자칭 대중교통 VIP로서 대중교통의 명과 암, 득과 실을 낱낱이 아는 만큼만 파헤치며 앞으로도 잘 이용하겠다는 나름의 다짐이라는 점을 양해 바란다. 아래 목록은 그나마 선호하는 순서대로 작성했다. 1위를 제외한 나머지 순위 결정은 박빙이었음을 밝힌다.

1. 버스

낮에 탄 버스에서 책을 읽다가 터널에 들어섰을 때 적당한 타이밍에 실내등을 켜주는 기사님을 만나면 그렇게 반가울 수 없다. 혹은 실내등을 깜빡 잊거나 지하차도처럼 길이가 짧은 경우에는 잠시 책을 덮는다. 기사님이 독서에도 쉬는 시간을 주는 건가 하며 눈을 감는다. 사람은 단순해서 좋아하면 좋아하는 대로 마음이 넓어진다. 온갖 만물이 다 피어나는 봄이나 풀이 우거지는 여름에는 어느 노선의 버스를 타도 좋다.[2] 특히 대부분의 사람이 출근하고, 등교한 이후면서 점심시간 직전의 버스는 평화롭기까지 하다.[3] 그때만 느낄 수 있는 나른함이 있다.[4]

2. 열차

부모님이 계신 곳으로 가기 위해서는 ITX-청춘 열차를 이용해야 한다. 평일 출퇴근 시간이 아닌 주말 오전 혹은 오후에만 이용하기 때문에 쾌적한 편이다. 열차는 총 8호차까지 있다. 4호차, 5호차는 2층으로 올라가야 하고, 자전거를 갖고 타는 사람은 1호차, 8호차를 이용할 수 있다. 특별한 일이 없는 한 1호차를 이용한다. 가장 적은 수의 사람이 탑승하는 칸이기 때문이다. 1호차가 매진

---

[2] 출퇴근 시간 제외
[3] 지나친 도심 노선 제외
[4] 백수가 아닐 때 타야 온전히 느낄 수 있음

일 때는 갈 수 없는 이유를 다급하게 만든다.

3. 지하철

십 대에는 3호선 경복궁역, 이십 대에는 3호선 압구정역과 6호선 녹사평역, 30대의 절반은 5호선 공덕역, 현재는 1호선 용산역에 높은 누적 사용 기록을 남겼지만, 지하철은 싫다. 하늘 위로 올라가는 것만큼 지하로 내려가는 것에도 용기가 필요하다. 간혹 지상으로 올라가는 1호선, 2호선, 3호선, 4호선, 6호선, 7호선 등이 있지만, 언젠가 다시 지하로 내려가기 때문에 위안은 되지 않는다. 버스와 다르게 체증이 거의 없다는 막강한 유혹이 있어도 버스로 갈 수 있다면 언제나 버스를 먼저 선택한다.

4. 택시

기본요금이 많이 올라서 안(못) 타는 건 아니다. 자동차는 편리하면서 폭력적인 공간이다. 좁고 밀폐된 공간에 일면식 없는 사람과 짧게는 몇 분, 길게는 한 시간까지 함께 있어야 한다는 게 그렇다. (그런 의미에서 택시 기사님의 직업 정신을 존경한다.) 듣고 싶지 않은 욕설을 가감 없이 들어야 한다거나 공격적인 발언을 참아야 하는 경우라면 특히 그렇다. 간혹 성별과 나이를 예상하며 건네는 질문에 당장이라도 차 문을 열고 뛰어내리는 편이 낫겠다고 생각한다. 혹은 지나치게 빠른 속도라거나 불필요한 끼어들기로 생명의 위협을 느낄 때면 손잡이를 꽉 잡고 돈이 더 나와도 괜찮으니 제발 천천히 가달라고 사정하기도 한다. 그러니까 돈 내고 부탁하느니 안 탄다는 결말에 이른다.

5. 비행기

안 탈 수 있다면 최대한 안 타고 싶은 교통수단 1위인 비행기는 사랑하는 아버지의 아름다운 고향 제주를 방문하기 위해서라면 해마다 최소 4번은 타야 한다. 멋모르는 어린 시절에는 무려 하늘을 날아 몽실몽실 구름을 볼 수 있다는 이유로 비행기 탑승을 손꼽아 기다렸다면 애매하게 지식을 습득한 지금은 무려 하늘을 난다는 사실에 심장이 멎을 것 같다. 때때로 불쾌한 느낌의 좌석 시트부터 이륙 직전 기내에 스며들어 오는 연료 냄새, 절대 마시지 않는 기내 음료, 좌석 간 확보될 수 없는 사회적 거리에 더해 어느 정도 안정이 될 때쯤 예고 없이 찾아오는 난기류 덕분에 비행기를 탈 일이 생기면 이틀 전부터 손가락 묵주[5]를 수시로 돌린다. 목적지에 따라 신체 반응이 달라지는

---

[5] 세례를 받은 지 23년 된 냉담자다. (세례명: 프란체스카)

건 아니고, '하늘' 위로 올라가는 것에 대한 원초적인 불안이다.

6. 서울자전거 따릉이

어린 시절 살던 집은 산 중턱에 있었다. 동네 아이 중 자전거를 타는 애는 없었다. 아니 타려거든 목숨을 걸어야 하는, 그 정도의 중턱이었다. 덕분에 스무 살이 넘어서야 자전거를 겨우 배웠는데 배운 첫날 하필이면 한강대교를 건너다가 차도로 뛰어들 뻔했다. 그 뒤로 자전거에 발을 올리는 일은 없다. 앞으로도 없을 예정이다.

속담의 의미

공연히 자꾸 엄살만 부리거나 쓸데없이 죽는 소리를 하지 말라는 말. (북한어)

놀기 좋아 넉동치기

다음 중 영희가 본 것 중 실제가 아닌 장면을 고르시오. (3점)

1) 문이 활짝 열려 있는 이불 가게
2) 트럭 노점상 아저씨가 읽고 있던 책의 소제목 '생존의 본능'
3) 지금 사는 집을 소개해 준 부동산 아저씨
4) 백로가 물고기를 잡아먹는 순간과 펄떡이던 물고기가 백로의 목구멍에서 몸부림치는 실루엣
5) 어미 오리가 새끼 오리 네 마리에게 헤엄치

는 법을 가르치던 산 교육의 현장

    6) 험한 욕을 주거니 받거니 하던 동네 아줌마 한 명, 아저씨 둘

    7) 해가 질 때쯤 보라색으로 물들었던 하늘

    8) 답 없음

정답을 아래 메일로 보내주세요.

맞추시는 분에게는 온라인 편지 한 통을 선물로 보내드립니다.

encorefinir@gmail.com

속담의 의미

할 일 없을 때는 윷놀이라도 한다는 뜻으로, 그냥 가만히 있느니 아무 소용 없는 놀이라도 한다는 말.

달�걀 같은 세상 호박같이 살랬다

주방 천장에는 작동 여부를 알 수 없는 화재경보기가 하나 붙어있어. 이 집에 살기 시작한 날부터 몇 년간 고장 났다고 생각했거든. 근데 그제 밤, 그 경보기 아래에서 바글바글 끓던 전기포트의 수증기에 반응해 엄청난 굉음을 낸 거야. 나의 심장 수명은 왕창 깎였지만, 정상으로 작동하는 걸 확인해서 좋게 생각하기로 했어.

옆집 할머니는 모든 걸 아파트 공용 복도에 말리셔. 고사리, 표고버섯, 양파 등등. 문제는 썩을 때까지 말리신다는 거야. 더 큰 문제는 그곳에서 생긴 각종 무언가가 복도 끝 우리 집으로 모인다는 거지. 그런 할머니가 몇 주 동안 두문불출하셨어. 종래에는 못 보던 젊은 여성이 큰 쓰레기봉투에 집안 살림을 정리하시는 거야. 가슴이 덜컹했어. 인사 없이 마지막을 다른 곳에서 보내신 줄 알았거든. 근데 며칠 후, 복도에 새로운 양파가 등장한 걸 보고 할머니의 컴백 홈을 알아차렸지. 할머니는 건강하셔. 나보다 운동도 열심히 하시고. 벌레쯤은 좋게 생각하기로 했어.

비가 내리면 집 안에서 어김없이 들리는 소리가 있어. 시간이 흐를수록 소리는 청량해져. 주로 짐을 보관하고 식물이 자라는 작은 방에서 들려. 방의 한가운데는 아니지만, 방문과 가까운 쪽에서 들리는 소리야. 나는 화장실을 제외한 방문을 모두 없애고 두툼한 천으로 커튼을 만들어 놨어.

작은 방의 소리가 잘 들렸으면 해서 작은 방 커튼은 잠시 떼어놨어. 봄비가 세차게 내리거나 장마철이 되면 소리를 자주 들을 수 있어. 안 듣고 싶은 날에도 어쩔 수 없이 들어야 해. 거실이나 큰 방에 누워 눈을 감고 있으면 청량한 소리에 마치 내가 깊은 숲속에 있는 것 같아. 기분이 좋아져. 처음부터 그랬던 건 아니야. 타인이 보면 미련하고 멍청하다고 할 수 있는 일이지만, 지금 당장 해결할 방법이 없거든. 이 집에 사는 동안에는 좋게 생각하기로 했어.

몇 년 만에 조용한 동네로 잠시 떠났어. 큰 일을 막 끝낸 뒤라 피곤했지만 좋았어. 열차에서 내려 숙소까지 갈 수 있는 버스 정류장으로 걸었어. 배차표에는 도착 예정인 버스가 없었지만, 금세 뜰 거라고 믿었지. 비도 내리고, 강풍주의보도 있었지만 견딜 만했어. 메고 있던 배낭이 어깨를 점점 짓누르는 것 같아도 참을 수 있었어. 다행히 버스 정류장 맞은편에는 간이 의자가 있는 작은 편의점도 있었거든. 그곳에 들어가 따뜻한 병 음료를 시키고 몸을 녹였어. 시간은 점점 흐르고 해는 이미 졌는데 버스는 올 생각이 없는 거야. 그래. 택시를 타자. 택시가 없다. 콜택시도 없대. 그럼 걸어서라도 가보자. 가방을 메고 편의점 문을 열고 우산을 펴는 순간 지나가는 바람에 뺨을 맞은 기분이었어. 우산을 고이 접어 다시 편의점으로 들어갔어. 다시 의자에 앉아 운수 회사에 전화를 걸었어. 지금 버스가 없는 건 당연하대. 운행을 안 하는 시간이니까. 마침, 기사님의 저녁 식사 시간이고, 배차 간격은 105분이래. 그러니까 운행을 재개하려면 164분을 기다려야 한다는 거야. 그리고 그 차가 막차래. 적어도 오늘 안에는 숙소에 들어갈 수 있으니까 좋게 생각하기로 했어.

 이 밖에도 좋게 생각하기로 한 일은 매일 빠짐없이 언제 어디서나 튀어나오지만 그 모든 걸 좋게 생각하기로 했어.

속담의 의미

달걀같이 위태로운 세상에서는 모나게 살지 말고, 너그럽게 둥글둥글 살아야 한다는 말.

● 기분이 좋아져. 처음부터 그랬던 건 아니야. 타인이 보면 미련하고 멍청하다고 할 수 있는 일이지만, 지금 당장 해결할 방법이 없거든. 이 집에 사는 동안에는 좋게 생각하기로 했어.

길에 돌도 연분이 있어야 찬다

작은 돌 하나가 내 앞으로 다가왔다.

작은 돌 하나가 내 앞으로 굴러왔다.

작은 돌 하나가 내 앞으로 뛰어왔다.

작은 돌 하나가 내 앞으로 미끄러졌다.

작은 돌 하나가 내 앞으로 점점점 왔다.

작은 돌 하나가 내 앞으로 내 앞으로 내 앞으로 왔다.

작은 돌 하나가 내 앞까지 왔다.

작은 돌 하나가 내 앞에

작은 돌 하나가 내

작은 돌 하나가

작은 돌

작은

작은 돌 하나가 내 앞에서 멈췄다.

속담의 의미

아무리 하찮은 일이라도 인연이 있어야 이루어진다는 말.

재주가 메주다

어느 해 겨울, 봄, 여름 그리고 가을. 아주 긴 터널을 시속 8km로 달리는 자동차처럼 통과하고 있었다. 한 달 중 14일 동안 일하고 번 돈으로 나머지 16일 혹은 17일을 살았다. 일을 하는 14일은 대부분 길 위에 있었다. 상점과 매장, 사무실을 돌면서 의상과 신발을 빌리고 소품을 구매했다. 어느 날은 지하 스튜디오에, 어느 날은 산으로, 바다로, 들판으로 짐을 이고 지고 돌아다녔다. 모델에게 입을 옷을 전달하고 카메라가 켜지면 카메라의 뒤에서, 카메라가 꺼지면 카메라의 앞으로 가 모델의 옷을 매만지는 사수의 뒤를 졸졸 따라다녔다.

한여름이 지나면 방마다 구석에 있는 선풍기를 해체한다. 물로 씻을 수 있는 부품은 모두 씻는다. 물기가 바짝 마른 선풍기를 차례대로 조립한다. 마지막 나사를 힘껏 조이고 나면 종종 귀퉁이에 빠진 부품 하나가 반짝 빛난다. 조롱하듯이. 그 반짝이는 조롱을 그해 첫 출근 날 봤다. 아, 무언가 잘못 되었구나. 이곳이 아니구나.

그해 겨울, 봄, 여름 그리고 가을. 잘못 조립된 선풍기처럼 길 위에 혼자 남겨지기라도 하면 어김없이 울었다. 울 만큼 다 울고 난 후에서야 제대로 조립하기 위해 다른 길을 찾았다. 그 사이 계절이 마흔 번 바뀌었다.

익명의 사람이 쓴 논문의 정제 작업을 하다가 머리가 아프면 좋아하는 작가의 산문집에서 한두

장만 읽고 다시 작업대로 돌아온다. 프로젝트 매니저는 정제 작업에 필요한 준비물을 '맑은 정신'이라고 했다. 매번 작업대에 앉을 때마다 맑은 정신을 챙기기 위해 몇 가지 규칙을 세운다. 공학이나 해양학 논문을 받으면 머리도 핑 돌고, 눈도 침침해진다. 맑은 정신을 찾기 위해 발을 살짝 빼면 금세 다시 길에 들어설 수 있다. 돈을 버는 일과 작업으로서 일의 경계가 조금씩 생긴다. 혼란을 틈타 부스러기 같은 생각이 머리를 헤치지만 이제 그 정도의 방해는 쉽게 치울 수 있다. 시속 8km로 통과하던 그때보다 지금, 작년보다 지금, 어제보다 지금. 거대한 선풍기가 순서대로 조립되고 있다고 믿는다. 믿는 수밖에.

속담의 의미

메주의 모양이 볼품없듯, 재주가 전혀 없음을 비유하여 이르는 말.

● 프로젝트 매니저는 정제 작업에 필요한 준비물을 '맑은 정신'이라고 했다. 매번 작업대에 앉을 때마다 맑은 정신을 챙기기 위해 몇 가지 규칙을 세운다.

속 각각 말 각각

아는 사람 중에 이런 사람이 있다.

괜찮다고 말했지만, 안 괜찮은 사람

좋다고 말했지만, 안 좋은 사람

멋있다고 말했지만, 멋이 없다고 생각한 사람

맛있다고 말했지만, 돌을 씹은 사람

고급스럽다고 말했지만, 누구보다 저급하다고 생각한 사람

시인이 되고 싶다고 했지만, 사실은 시를 요만큼도 공부하지 않은 사람

배고프지 않다고 했지만, 이미 천둥까지 친

사람

　핸드폰 게임 같은 건 쓸모없다고 했지만, 레벨업에는 진심인 사람

　손톱을 칠하는 게 답답하다고 했지만, 밤마다 네일아트를 찾아보는 사람

　고상한 척했지만, 천박한 것에 열광하는 사람

　보고 싶었다고 했지만, 혼자가 제일인 사람

　사랑한다고 했지만, 사랑의 뜻이 무엇인지 모르는 사람

　인생이 허무하다고 했지만, 누구보다 오래 살고 싶은 사람

　이런 사람을 만나거든 다정하자고 다짐한다.
　거울을 보는 것 같아서.

속담의 의미

하는 말과 생각이 다르다는 뜻.

또는 누구나 속마음에 가지고 있는 것을 그대로 다 말하지는 않는다는 말.

바람 먹고 구름 똥 싼다

"바뀌어도 것 있는지 바늘구멍만한 셈이지."

언제 수신된지 알 수 없는 문자 하나가 스팸 함에 들어있다. 고개를 오른쪽으로 갸웃한다. 뭔 말이지. 다섯 번 정도 글자를 따라 읽었다. 대충 어떤 의미인지 유추해 본다. 뭔가 바뀌었는데 그것조차 바늘구멍만큼 작은 크기라는 걸까? 스팸 문자는 주식 리딩방 입장을 '허락'해 주겠다는 내용이었다. 무려 나 같은 조무래기를 입장시켜서 고오급 정보를 무료로 공유해주겠다는, 세상에나 할렐루야 같은 아멘스러운 내용이었다. 한 마디로 개 짖는 소리라는 거다.

요즘같이 양배추값이 무려 6천 원에서 위아래로 코털만큼 움직이는 세상에서 살기 위해 뭐라도 해보려고 여기저기 이력서를 넣었다. 대부분 글과 관련된 직종이었다. 이력서 제출 횟수에는 제한이 없으니까 하루에 다섯 개도 넣어봤는데 열어서 확인하는 열람 기업은 운 좋으면 한 곳, 두 곳 정도다. 평소 하는 일과 병행이 가능한 업무 위주로 찾다 보니까 한계가 있었다. 재택으로 가능할 것, 원하는 시간대에만 할 것. 누가 봐도 배부른 소리다. 경험 컬렉터로서 뭐라도 새로운 걸 해보자는 심산이었다. 와중에 눈을 사로잡은 건 블로그 글쓰기, 원하는 시간에 가능, 투잡 가능, 재택 가능, 가능, 가능, 다 가능. 반신반의하며 이력서를 넣었고 바로 열람, 바로 연락이 왔다. 테스트를 위해 메시지를 주고받았다. 주제와 주요 키워드를 받았다. 제한된 글자 수에 맞춰서 내용을 꾸미는 거다. 글을 읽는 사람들이 진짜라고 느끼도록, 이 제품을 사용하고 글을 쓴 것처럼. 받은 키워드를 포털 사이트에 검색했다. 와, 많다. 이 글이 다 가짜였구나. 이게 다 원하는 시간에 가능, 투잡 가능, 재택 가능, 다 가능한 거기서 올린 글이구나.

"바뀌는 것이 있어도 바늘구멍만 한 셈이지."

개 짖는 소리로 사람을 현혹하는 리딩방의 메시지를 말이 되게 바꿔봤다. 꽤 철학적이다. 지금의 내 모습과 크게 다르지 않다. 블로그 가짜 글은 지원을 취소했다. 글자수당 쳐주는 단가가 쥐똥보다 작은 것도 문제지만 그 글을 블로그에 올리는 게 할렐루야 같은 아멘스러운 리딩방과 뭐가 다를까. 양배추 안 먹으면 그만이지. 아직 배가 덜 고픈 거지. 아니 배가 고파도 굶고 말지! (진짜?)

속담의 의미

형체도 없는 바람을 먹고 둥둥 떠가는 구름 똥을 싼다는 뜻으로, 허황된 짓을 하는 경우를 비꼬아 이르는 말. 허황된 짓을 함을 이르는 말.

희고 곰팡 슨 소리

주기적으로 죽고 싶다는 문자를 보내는 친구에게

한 번만 참아보는 건 어때?
이번에는 어떤 시도를 했어?
번개탄 구입을 다음으로 미뤄보자

라는 식의 답장을 보내는 것으로 그의 생명을 조금씩 늘려보려고 애를 쓴다.

어떤 날은

야 나도 못지않게 죽고 싶지만 참고 있어

라고, 답하고 싶다.

어느 정도 대화가 마무리된 다음 날은 부고 문자가 날아올까 봐
정오까지는 핸드폰을 수시로 열어본다.

당장 달려갈 수 있는 여건이 안 되는 나를 언젠가 원망할까. 친구는.

그러면 그때

너처럼 똑같이, 네가 필요할 때 꾹 참았어

라고, 탓하게 될까. 나는.

속담의 의미

희떱고 고리타분한 말을 이르는 말.

알을 두고 온 새의 마음

꿈을 꿨다. 대여섯 마리의 악어 떼를 피해 녹음이 짙은 숲 안을 헤매다가 큰 바위에 겨우 몸을 숨기고 안도하는 찰나 오른쪽 귓불을 향해 살모사가 빠른 속도로 다가온다. 내 목을 감싸기 전에 살모사 몸의 중간을 오른손으로 낚아챘다. 종일 귓가에 살모사의 미끄러지는 소리가 맴돈다.

꿈을 꿨다. 무의식의 나는 의식의 내가 어떤 장면을 보여주면 가장 속상해하는지 안다. 질투, 비참, 수치. 세 가지 감정을 모두 느끼는 장면을 고르고 골라 잘 포장해 보여준다. 그 자리에 나를 데려다 놓는다. 지난밤에도 그런 장소에 있었다. 말도 안 되는 복장으로, 어이없는 장소에, 의식의 나라면 절대 다가가지 않을 무리에 나를 던져놓는다.

꿈을 꿨다. 프랑스의 어느 골목이다. 길에서 눈이 마주친, 수염이 잔뜩 난 사람과 사랑에 빠졌다. 서로에게 어떤 불꽃이 튀었다. 나의 일정은 3일간 체류하는 것이고, 이틀째 저녁 그의 여동생을 함께 만났다. 작은 다락 같은 카페에서 세 사람이 커피를 마신다. 대화가 원활하지 않지만, 분위기로 짐작만 한다. 다시 서울이다. 그와 여동생, 그녀의 친구들이 서울에 왔다. 우리는 용산구와 강남구를 널뛰기하듯 넘나든다. 비를 맞으며 돌아다니다가 어느 국회의원이 주도하는 농성장에 합류한다. 외국인 노동자의 억울한 죽음을 추모하는 자리다. 관련된 영상을 시청한다. 삐쭉 흐르는 눈물을 닦고 서둘러 자리를 빠져나온다. 사랑에 빠진 상대는 보이지 않는다.

 꿈을 꿨다. 이름 모를 책방. 신간을 입고 요청했지만, 답을 받지 못한 책방의 주인과 마주쳤다. 책을 받지 않은 이유에 대해 조목조목 이야기한다. 내 글의 단점에 대해 장황하게 설명한다. 내가 생각한 이유와 비슷하다. 책방 주인은 잘 팔리는 책을 가리킨다. 아주 두꺼운 벽돌 같은 책이다. 이 책이 참 잘 팔린다고. 그곳에서 탈출하고 싶다는 열망에 사로잡힐 때쯤 잠에서 깼다.

 꿈을 꿨다. 어둑새벽이다. 현관문의 번호 키 뚜껑을 올린다. 평소라면 파란불이 들어와야 하는데 깜깜하다. 마침, 복도 등도 나갔는지 어둡다. 번호를 누르려고 보니 문이 살짝 열려있다. 손잡

이를 잡아 문을 조심스레 열었다. 어두운 방 안에 모니터가 켜져 있다. 안에 누가 있다. 그대로 뒤돌아 빠른 속도로 계단을 내려간다. 세 칸씩 내려간다. 경찰서에 갈 생각이다. 2층에 다다랐을 때 어디선가 비닐을 비비는 소리가 들린다. 점점 크게 들린다. 귀가 아프다. 2층 공용 거울 앞에서 비닐을 비비는 부랑자가 서 있다. 엄지발가락이 뚫린 낡고 더러운 신발. 원래의 색을 알 수 없이 오염된 옷. 저 사람이다. 저 사람이 우리 집에 들어와 있었다. 부랑자를 지나쳐 1층으로 내려가야만 경찰서로 갈 수 있다.

꿈을 꿨다. 마른 가지들이 쌓여있다. 주변이 어둡다. 늦은 시간인 것인지, 지하여서 어두운 것인지 알 수 없다. 타닥타닥. 마른 가지 사이로 붉은 불씨가 보인다. 불이 붙는다. 잘도 붙는다. 어디에서 옮겨온 것인지 알 수 없다. 알 수 없다. 다 모른다. 불이 활활 타오르기 전에 꺼야 한다. 잠에서 깨기 전에 꺼야 한다.

속담의 의미

잠시도 마음을 놓지 못하고 불안해하는 경우를 비유하여 이르는 말.

● 꿈을 꿨다. 프랑스의 어느 골목이다. 길에서 눈이 마주친, 수염이 잔뜩 난 사람과 사랑에 빠졌다. 서로에게 어떤 불꽃이 튀었다.

나가며

어둑서니는 쳐다볼수록 커 보인다

이 책의 원고를 갈무리하는 동안

심야 기습 비상계엄

제주항공 여객기 참사

경남, 경북, 울산 지역 대형 산불

도시 곳곳 싱크홀

현직 대통령 파면

등

고통의 크기를 재단할 수 없는 사고가 일어났다. 쏟아지는 속보와 단독 기사를 볼 때마다 왜 글을 써야 하는지에 대한 근본적인 의심이 들었다. 이 행동에 무슨 의미가 있나. 글자를 조합하는 것에 어떤 대의가 있나. 이 행위가 누구를 도울 수나 있을까. 그렇게 몇 주는 한 글자도 쓰지 못하고 지나갔다. 글을 쓰지 못해 괴로웠다는 건 아니다. 사랑하는 이를 갑자기 잃고, 평생 일궈온 터전을 잃은 사람이 느꼈을 무엇에 비할 수 없으니까.

그렇게 몇 주를 보낸 후에도

여전히 매일 곳곳에서 사고가 일어나고
여전히 누군가는 차별의 최전방에 서 있고
여전히 전국장애인차별철폐연대는 장애인 이동권 보장을 위해 길 위에 있다.

여전히 나는 왜 글을 써야 하는지에 대한 답을 알지 못한다.

답을 찾는 데까지 꽤 오랜 시간이 걸리겠지만, 여기 모아 둔 밋밋한 글이 각자의 어둑서니[6]와 맞서는 동안 쉬었다 가는 졸음 쉼터 같았으면 좋겠다. 어둑서니가 어둑서니일 뿐이라는 것을 깨닫는 데까지 오래 걸리지 않았으면 좋겠다.

---

6 어두운 밤에 아무것도 없는데, 있는 것처럼 잘못 보이는 것.

속담의 의미

무슨 일이든 겁낼수록 더 무섭게 느껴진다는 말.

● 글자를 조합하는 것에 어떤 대의가 있나. 이 행위가 누구를 도울 수나 있을까. 그렇게 몇 주는 한 글자도 쓰지 못하고 지나갔다.

도움을 받은 책들

임동권 엮음, 『속담사전』, 민속원, 2002

백문식 지음, 『우리말 어원 사전』, 도서출판 박이정, 2014

박영원·양재찬 편저, 『한국속담대사전』, 푸른사상, 2015

엄윤숙 지음, 『이덕무의 열상방언』, 사유와기록연구소, 2019

이익 지음, 윤재환 옮김, 『국역 백언해』, 학자원, 2024

방문한 도서관

국립중앙도서관

용산꿈나무도서관

서울특별시교육청 남산도서관

서울특별시교육청 용산도서관

주한독일문화원도서관

저자 소개

이원희

알을 두고 온 새의 마음으로 사는 사람.
그동안 쓴 책으로는 『그리고 벽』, 『영화, 포스터 그리고 사람들』,
『야들야들 오밀조밀 어찌저찌 흐물흐물』, 『영신의 이야기』가
있다. 하루 중 절반은 키보드 위에 손을 올려놓고, 나머지 절반은
정은지와 함께 정원사에서 일을 한다.

www.pour.kr

알을 두고 온 새의 마음
STORAGE BOOK & FILM series #19

글 **이원희**

편집 **오종길**
디자인 **김현경**

펴낸곳 **STORAGE BOOK AND FILM**
홈페이지 **storagebookandfilm.com**
이메일 **juststorage.press@gmail.com**

instagram **@storagebookandfilm**

초판 1쇄 **2025년 5월 10일**

*이 책의 내용의 전부 또는 일부를 재사용하려면
펴낸곳을 통한 저작자의 동의를 받아야 합니다.